ΟΙ ΠΕΝΤΕ ΔΥΝΑΜΕΙΣ ΤΟΥ PORTER

Κατανοήστε τις ανταγωνιστικές δυνάμεις και μείνετε μπροστά από τον ανταγωνισμό

ΟΙ ΠΕΝΤΕ ΔΥΝΑΜΕΙΣ ΤΟΥ PORTER

Κατανοήστε τις ανταγωνιστικές δυνάμεις και μείνετε μπροστά από τον ανταγωνισμό

γραμμένο από Stéphanie Michaux
μεταφρασμένο από Lina Sideris

50MINUTES.com

ΟΙ ΠΕΝΤΕ ΔΥΝΑΜΕΙΣ ΤΟΥ PORTER

ΒΑΣΙΚΕΣ ΠΛΗΡΟΦΟΡΙΕΣ

- **Ονόματα:** Πόρτερ: Πέντε δυνάμεις του Πόρτερ

- **Χρήσεις:** ανάλυση του ανταγωνιστικού περιβάλλοντος ενός κλάδου

- **Γιατί είναι επιτυχημένη;** Αυτό το μοντέλο σας επιτρέπει να:

  - να κατανοήσει τον κλάδο και τη φύση των σχέσεων μεταξύ των διαφόρων συμμετεχόντων στην αγορά στην οποία δραστηριοποιείται η εταιρεία,

  - να προσδιορίσει τις επιδόσεις και τους παράγοντες επιρροής του τομέα,

  - να αξιολογεί πώς οι αλλαγές σε έναν κλάδο μπορούν να επηρεάσουν την κερδοφορία του.

- **Λέξεις-κλειδιά:**

  - Ανταγωνισμός: μια σημαντική πτυχή μιας αγοράς που χαρακτηρίζεται από τις εταιρείες που είναι τοποθετημένες εκεί, οι οποίες μάχονται μεταξύ τους για να κατέχουν το μεγαλύτερο μερίδιο αγοράς.

  - Ανταγωνιστικό πλεονέκτημα: η αξία που δημιουργείται από την εταιρεία και γίνεται αντιληπτή από τους πελάτες, η οποία τη διαφοροποιεί από άλλους παράγοντες του κλάδου και επιφέρει καλύτερη κερδοφορία, δύναμη διαφοροποίησης για διαπραγμάτευση.

- Συγκέντρωση του κλάδου: η δύναμη ορισμένων συμμετεχόντων σε συγκεκριμένους τομείς. Εάν μόνο λίγες εταιρείες μοιράζονται την αγορά, ο κλάδος λέγεται ότι είναι συγκεντρωμένος.

- Αποδοτικότητα: ο λόγος μεταξύ της αρχικής επένδυσης και των οικονομικών αποτελεσμάτων.

- Στρατηγική: καθορισμός ενός συνόλου ενεργειών που πρέπει να αναληφθούν και πόρων που πρέπει να χρησιμοποιηθούν προκειμένου να επιτευχθούν οι στόχοι που έχουν αρχικά τεθεί μακροπρόθεσμα και να συγκλίνουν προς τη δημιουργία μιας μοναδικής και επιθυμητής θέσης σε ένα ανταγωνιστικό περιβάλλον.

- Κόστος μεταφοράς: ονομάζεται επίσης "κόστος μετάβασης" και είναι οι πόροι που θα επενδυθούν αναγκαστικά κατά τη μετάβαση από ένα σύστημα/διαδικασία/τεχνολογία κ.λπ. σε ένα άλλο.

ΕΙΣΑΓΩΓΗ

Δεδομένου ότι όλες οι εταιρείες εξελίσσονται σε ένα ανταγωνιστικό περιβάλλον, η διαφοροποίηση έχει καταστεί υψίστης σημασίας και μερικές φορές ζωτικής σημασίας. Εκτός από το να προσέχει συνεχώς να μην χάσει το μερίδιο αγοράς που έχει ήδη αποκτήσει μια στρατηγική επιχειρηματική μονάδα (SBU), η εταιρεία πρέπει να επιβεβαιώνει συνεχώς τις διαφορές της για να διατηρεί και να δημιουργεί το δικό της ανταγωνιστικό πλεονέκτημα.

Το μοντέλο των πέντε δυνάμεων, που αναπτύχθηκε το 1979 από τον Michael E. Porter (γεννημένος το 1947), καθηγητή επιχειρηματικής στρατηγικής στο Χάρβαρντ, επιτρέπει στα στελέχη των επιχειρήσεων να προβλέπουν τις τάσεις σε έναν κλάδο και τις αλλαγές στον ανταγωνισμό, προκειμένου να τον επηρεάσουν κάνοντας στρατηγικές επιλογές που θα τους επιτρέψουν να αποκτήσουν ή να διατηρήσουν ανταγωνιστικό πλεονέκτημα.

Ορισμός του μοντέλου

Το μοντέλο των πέντε δυνάμεων αποτελεί βασικό εργαλείο για την κατανόηση της ανταγωνιστικής δομής ενός κλάδου. Αυτό το απλό αναλυτικό εργαλείο είναι αποτελεσματικό για τον εντοπισμό των ανταγωνιστών – με την ευρεία έννοια – μιας εταιρείας, αλλά και για την κατανόηση του τρόπου με τον οποίο μπορούν να μειώσουν την ικανότητά της να παράγει κέρδη.

Η πλήρης ανάλυση εξετάζει πέντε δυνάμεις: τη διαπραγματευτική δύναμη των πελατών, τη διαπραγματευτική δύναμη των προμηθευτών, την απειλή των υποκατάστατων προϊόντων, την απειλή των νεοεισερχομένων και τον ενδοκλαδικό ανταγωνισμό. Τα τέσσερα πρώτα στοιχεία λειτουργούν ανεξάρτητα το ένα από το άλλο, ενώ εντείνουν τον ανταγωνισμό εντός του κλάδου.

ΘΕΩΡΙΑ

Κατά τη διάρκεια της δεκαετίας του 1970, ο Michael E. Porter έγραψε και δημοσίευσε μια σειρά από άρθρα αφιερωμένα στη στρατηγική που οδήγησαν στην έκδοση του βιβλίου *Competitive Strategy: Techniques for Analyzing Industries and Competitors*, μια βίβλο στρατηγικής που έκτοτε έχει μεταφραστεί σε 19 διαφορετικές γλώσσες. Στο βιβλίο αυτό ανέπτυξε ένα ισχυρό μοντέλο που έφερε επανάσταση στη θεωρία, την πρακτική, αλλά και τη διδασκαλία της στρατηγικής σε ολόκληρο τον κόσμο: το μοντέλο των πέντε δυνάμεων.

Η προσέγγιση αυτή επικεντρώνεται στις διάφορες δυνάμεις που διαμορφώνουν και επηρεάζουν το ανταγωνιστικό περιβάλλον ενός κλάδου. Από στρατηγική άποψη, η τεχνική αυτή ανάλυσης είναι ζωτικής σημασίας για τον καθορισμό της θέσης μιας εταιρείας σε μια αγορά, αλλά και για την καταπολέμηση του ανταγωνισμού. Είναι απαραίτητο να προσδιοριστούν με σαφήνεια:

* τη σχέση της εταιρείας με τους άλλους φορείς του κλάδου, συμπεριλαμβανομένων:

  o πελάτες

  o προμηθευτές

  o παραγωγοί υποκατάστατων προϊόντων

  o πιθανοί νεοεισερχόμενοι

  o ανταγωνιστές

- και, ως εκ τούτου, τις πέντε δυνάμεις:

  - διαπραγματευτική δύναμη των πελατών

  - διαπραγματευτική δύναμη των προμηθευτών

  - απειλή υποκατάστατων προϊόντων

  - απειλή από νεοεισερχόμενους

  - ενδο-βιομηχανική αντιπαλότητα.

ΔΙΑΠΡΑΓΜΑΤΕΥΤΙΚΗ ΔΥΝΑΜΗ ΤΩΝ ΠΕΛΑΤΩΝ

Η επιρροή των πελατών σε ένα ανταγωνιστικό περιβάλλον εξαρτάται από την ικανότητά τους να διαπραγματεύονται. Αυτό μπορεί στην πραγματικότητα να αναγκάσει τις επιχειρήσεις να μειώσουν τις τιμές τους, να απαιτήσουν μεγαλύτερη ποιότητα ή πρόσθετες υπηρεσίες ή ακόμη και να επωφεληθούν από τον ανταγωνισμό μεταξύ των διαφόρων φορέων. Με τον τρόπο αυτό, οι καταναλωτές επηρεάζουν άμεσα την κερδοφορία της αγοράς, καθώς έχουν αντίκτυπο στο κόστος του προϊόντος.

Οι πελάτες έχουν ακόμη μεγαλύτερη δύναμη εάν:

- υπάρχουν μόνο λίγοι πελάτες ή αγοράζουν μεγάλες ποσότητες,

- τα προϊόντα που διατίθενται στην αγορά είναι τυποποιημένα και διαφέρουν ελάχιστα από τα ανταγωνιστικά προϊόντα,

- το κόστος μεταφοράς από τον έναν προμηθευτή στον άλλο είναι χαμηλό,

- ○ μπορούν να ενσωματώσουν άμεσα τις δραστηριότητες του προμηθευτή στη δική τους αλυσίδα παραγωγής.

ΔΙΑΠΡΑΓΜΑΤΕΥΤΙΚΗ ΔΥΝΑΜΗ ΤΩΝ ΠΡΟΜΗΘΕΥΤΩΝ

Παρομοίως, οι προμηθευτές μπορούν να επηρεάσουν την κερδοφορία μιας επιχείρησης επιβάλλοντας τους δικούς τους όρους (όσον αφορά το κόστος ή την ποιότητα) με τον ίδιο τρόπο όπως και οι πελάτες.

Η δύναμη των προμηθευτών είναι σημαντική όταν:

- είναι ιδιαίτερα συγκεντρωμένες ή βρίσκονται σε μονοπωλιακή κατάσταση,

- έχουν πολλούς πελάτες από διαφορετικές βιομηχανίες,

- το κόστος μεταφοράς είναι υψηλό,

- προσφέρουν διαφοροποιημένα προϊόντα και δεν υπάρχουν υποκατάστατα για αυτά που προσφέρουν,

- είναι σε θέση να ενσωματώσουν περισσότερες δραστηριότητες στην κύρια δραστηριότητά τους, πιο κάτω στην αλυσίδα εφοδιασμού.

Οι προμηθευτές έχουν άμεση εξουσία σε έναν κλάδο, καθώς (επανα)διαπραγματεύονται τους όρους μιας σύμβασης μεταξύ των ίδιων και των πελατών τους (εταιρειών) και αναζητούν συνεχώς τις καλύτερες τιμές.

ΑΠΕΙΛΗ ΥΠΟΚΑΤΑΣΤΑΤΩΝ ΠΡΟΪΟΝΤΩΝ

Τα υποκατάστατα προϊόντα προσφέρουν εναλλακτικές λύσεις στην υπάρχουσα προσφορά σε έναν τομέα. Ανταποκρίνονται σε παρόμοιες ανάγκες με διαφορετικό ή καινοτόμο τρόπο. Για παράδειγμα, το ηλεκτρονικό ταχυδρομείο υποκαθιστά το κανονικό ταχυδρομείο, όπως το MP3 υποκαθιστά το Walkman.

Τα υποκατάστατα προϊόντα είναι παρόντα σε κάθε βιομηχανία και γίνονται πραγματικές απειλές όταν:

- προσφέρουν καλύτερη ποιότητα,

- το κόστος μετάβασης στο υποκατάστατο προϊόν είναι χαμηλό,

- η τιμή του υποκατάστατου προϊόντος είναι χαμηλότερη.

Γενικότερα, τα υποκατάστατα προϊόντα αποτελούν απειλή, καθώς κερδίζουν μερίδιο αγοράς και ασκούν πίεση στις τιμές.

ΑΠΕΙΛΗ ΑΠΟ ΝΕΟΕΙΣΕΡΧΟΜΕΝΟΥΣ

Οι νεοεισερχόμενοι αναστατώνουν την αγορά, καθώς κατακτούν μια θέση που δεν είχε καταληφθεί προηγουμένως, παρέχοντας μεγαλύτερη αξία σε νέους καταναλωτές. Η επιθυμία τους να κερδίσουν νέα μερίδια αγοράς αυξάνει την πίεση στις τιμές και τις πολιτικές για το κόστος και τα ποσοστά επενδύσεων.

Η απειλή των νεοεισερχομένων είναι ισχυρότερη όταν:

- δεν υπάρχει δίπλωμα ευρεσιτεχνίας για την προστασία των τεχνολογιών, γεγονός που επιτρέπει την εύκολη πρόσβαση σε αυτές,

- τα εμπόδια εισόδου και οι κεφαλαιακές απαιτήσεις είναι πολύ χαμηλές,

- οι οικονομίες κλίμακας είναι αδύναμες,

- υπάρχουν λίγα πολιτιστικά εμπόδια,

- το κόστος αντικατάστασης για τον πελάτη είναι χαμηλό,

- οι εταιρείες που είναι ήδη εγκατεστημένες στον τομέα αυτό δεν έχουν πολύ ισχυρή εικόνα της μάρκας,

- οι πελάτες δεν είναι απαραίτητα πιστοί στις εταιρείες που τους προμηθεύουν,

- η πιθανότητα εκδίκησης από φορείς που είναι ήδη εδραιωμένοι στην αγορά είναι χαμηλή,

- η κυβέρνηση παρέχει ενισχύσεις και επιδοτήσεις για τους νεοεισερχόμενους.

⊙ ΕΜΠΟΔΙΑ ΕΙΣΟΔΟΥ

Σε έναν κλάδο, η έκφραση "φραγμός εισόδου" σημαίνει το επίπεδο δυσκολίας – λόγω φυσικών ή τεχνητών εμποδίων – που αντιμετωπίζει ένας παίκτης που θέλει να εισέλθει σε έναν κλάδο, ιδίως όσον αφορά την απαιτούμενη αρχική επένδυση. Τα τεχνητά εμπόδια μπορούν να τεθούν από παίκτες που ήδη δραστηριοποιούνται στην αγορά. Τα υψηλά εμπόδια εισόδου εγγυώνται στους αρχικούς παίκτες κάποια προστασία έναντι των νέων εισερχομένων.

Όσον αφορά τα εμπόδια εξόδου, είναι ψυχολογικά, καθώς αφορούν, για τον πελάτη, την προσπάθεια που απαιτείται για να εγκαταλείψει τη σφαίρα επιρροής ενός προϊόντος και να εισέλθει στη σφαίρα επιρροής ενός άλλου προϊόντος.

ΕΝΔΟ-ΒΙΟΜΗΧΑΝΙΚΟΣ ΑΝΤΑΓΩΝΙΣΜΟΣ

Στο επίκεντρο του μοντέλου, ο εσωτερικός ανταγωνισμός του κλάδου μπορεί να επηρεαστεί και να αξιολογηθεί από τις άλλες δυνάμεις του μοντέλου. Οι ανταγωνιστές αγωνίζονται διαρκώς στο εσωτερικό του τομέα για να αυξήσουν ή απλώς να διατηρήσουν τη θέση τους στον τομέα αυτό. Ο εσωτερικός ανταγωνισμός μπορεί να πάρει πολλές μορφές και να οδηγήσει σε ενέργειες όπως

- χαμηλότερες τιμές,

- εισαγωγή νέων προϊόντων,

- διαφημιστικές καμπάνιες,

- βελτίωση των σειρών προϊόντων και υπηρεσιών.

Η ένταση του ανταγωνισμού εξαρτάται από τον αριθμό των εταιρειών που δραστηριοποιούνται στον τομέα, το αντίστοιχο μέγεθός τους και την κλίμακα του μεριδίου αγοράς τους. Μπορεί να αυξηθεί εάν:

- ο τομέας δεν είναι συγκεντρωμένος, δηλαδή όταν οι ανταγωνιστές είναι πολυάριθμοι και συγκρίσιμου μεγέθους,

- ο ρυθμός ανάπτυξης του κλάδου είναι ασθενής,

- τα εμπόδια εισόδου είναι χαμηλά ή/και τα εμπόδια εξόδου είναι υψηλά,

- ο βαθμός διαφοροποίησης των προϊόντων είναι χαμηλός,

- το σταθερό κόστος είναι υψηλό.

Η διαμόρφωση των πέντε δυνάμεων διαφέρει για κάθε κλάδο. Ανάλογα με την ένταση, την ιεραρχία και τη δυναμική αυτών των δυνάμεων, θα είναι δυνατόν να προσδιοριστούν οι κρίσιμοι παράγοντες επιτυχίας (ΚΠΣ), δηλαδή τα στρατηγικά στοιχεία που πρέπει να αποκτήσουν τον έλεγχο, προκειμένου να εξασφαλιστεί ένα βιώσιμο ανταγωνιστικό πλεονέκτημα.

Όσο πιο έντονες είναι οι δυνάμεις, τόσο λιγότερα περιθώρια ελιγμών έχουν οι εταιρείες: παρουσιάζουν λιγότερο ελκυστική απόδοση της επένδυσης. Αντίθετα, όσο πιο αδύναμες είναι οι δυνάμεις, τόσο πιο κερδοφόρες θα είναι οι εταιρείες, καθώς προστατεύονται από τους ανταγωνιστές τους. Επομένως, είναι ζωτικής σημασίας να επενδύονται σε δραστηριότητες που επωφελούνται από βιώσιμα ανταγωνιστικά πλεονεκτήματα, ώστε να εξασφαλίζεται η κερδοφορία ενός έργου και να μπορεί μια εταιρεία να διατηρεί τα περιθώρια κέρδους και το μερίδιο αγοράς της.

Ως εκ τούτου, η απόδοση μιας εταιρείας θα εξαρτηθεί από την ικανότητά της να καταπολεμά και να επηρεάζει αυτό το ανταγωνιστικό περιβάλλον.

ΠΕΡΙΟΡΙΣΜΟΙ ΚΑΙ ΕΠΕΚΤΑΣΕΙΣ

Η βασική συμβολή του Porter έγκειται στην ταξινόμηση των διαφόρων οικονομικών παραγόντων που επηρεάζουν τα κέρδη ενός κλάδου, σε ένα μοντέλο που περιλαμβάνει την κάθετη ολοκλήρωση της αλυσίδας αξίας, καθώς και τον ανταγωνισμό εντός μιας αγοράς.

Ωστόσο, το μοντέλο του Porter έχει επίσης περιορισμούς και μπορεί να επικριθεί για διάφορους λόγους.

ΠΕΡΙΟΡΙΣΜΟΙ ΚΑΙ ΚΡΙΤΙΚΕΣ

Ένα φτωχό και ελλιπές μοντέλο

Αρκετά επιστημονικά άρθρα και δημοσιεύσεις έχουν αμφισβητήσει τη σημασία των πέντε δυνάμεων του Porter. Μεταξύ των πιο συχνών επικρίσεων, συναντάμε:

- **Υποτίμηση των ευκαιριών.** Εστιάζοντας μόνο στις υπάρχουσες και μελλοντικές απειλές και στην υπεράσπιση του μεριδίου αγοράς, το μοντέλο των πέντε δυνάμεων αφήνει πολύ μικρό περιθώριο για την ανάλυση των ευκαιριών εντός μιας αγοράς. Δεν λαμβάνει υπόψη τη δυναμική των αλληλεπιδράσεων και των πιθανών συνεργασιών μεταξύ των παικτών σε έναν κλάδο.

- **Παραβλέποντας τη δημιουργία αξίας.** Στο μοντέλο του, ο Porter εστιάζει κυρίως στα εμπόδια εισόδου και στη δομή της αγοράς για να εξασφαλίσει κέρδη υψηλότερα του μέσου όρου. Ωστόσο, με τον τρόπο αυτό παραμελεί την κεντρική έννοια της δημιουργίας αξίας για τους πελάτες και την ανάπτυξη νέων προϊόντων και υπηρεσιών εντός της επιχείρησης.

- **Πρωταρχία της βιομηχανίας.** Επικεντρώνοντας την προσέγγισή του στη δομή ενός κλάδου, το μοντέλο του Porter αποδεικνύεται πανομοιότυπο για όλους τους ενεργούς ανταγωνιστές στην ίδια αγορά. Ως εκ τούτου, καθίσταται αναγκαίο να ληφθούν υπόψη και άλλες παράμετροι σε μια διευρυμένη ανταγωνιστική ανάλυση - π.χ. οι δυνάμεις και οι βασικές ικανότητες των ενεργών οργανισμών του κλάδου. Πράγματι, οι επιχειρήσεις μπορεί να κατέχουν μοναδικές και αξιοζήλευτες θέσεις στην αγορά τους, θέσεις που μπορεί να τις απομονώσουν από ορισμένες δυνάμεις.

- **Παραβλέπει τη διακύμανση της ζήτησης.** Το μοντέλο του Porter αγνοεί παράγοντες που μπορούν να επηρεάσουν τη ζήτηση. Έτσι, δεν λαμβάνει υπόψη οικονομικές αρχές όπως οι μεταβολές στο εισόδημα ή στις προτιμήσεις των καταναλωτών.

- **Ποιοτική ανάλυση.** Λόγω της ποιοτικής του φύσης, το μοντέλο του Porter δεν σας επιτρέπει να εκτιμήσετε με ακρίβεια την ένταση των δυνάμεων. Για παράδειγμα, παρόλο που η εφαρμογή του μοντέλου μπορεί να υποδηλώνει ότι η απειλή νέων εισερχομένων είναι υψηλή, δεν προσφέρει ένα εργαλείο για τον υπολογισμό της πιθανότητας αυτών των εισόδων. Για το λόγο αυτό, το υπόδειγμα είναι ιδιαίτερα χρήσιμο για τον εντοπισμό τάσεων και αλλαγών σε έναν κλάδο.

Ένα ξεπερασμένο μοντέλο

Άλλοι αναλυτές φτάνουν στο σημείο να υποστηρίζουν ότι το μοντέλο των πέντε δυνάμεων είναι ασύμβατο με την παγκοσμιοποιημένη οικονομία και την ανάπτυξη των νέων τεχνολογιών. Σύμφωνα με το όραμα μιας στρατηγικής που βασίζεται στον ανταγωνισμό και τη σημασία των φραγμών εισόδου, το μοντέλο αυτό υπονομεύεται από την τρέχουσα οικονομία, η οποία αφήνει χώρο για νέους εισερχόμενους με διάφορες μορφές και ανανεώνεται τακτικά. Είδαμε πολλές φορές τα τελευταία χρόνια το ανταγωνιστικό πλεονέκτημα των μεγάλων επιχειρήσεων να ακυρώνεται λόγω ριζικών καινοτομιών. Για παράδειγμα, η Kodak, άλλοτε ηγέτης στον κλάδο της επαγγελματικής φωτογραφίας, αναγκάστηκε να καταθέσει αίτηση πτώχευσης τον Ιανουάριο του 2012.

Ομοίως, το μοντέλο των πέντε δυνάμεων του Porter δεν περιλαμβάνει τις συνέργειες και τις αλληλεξαρτήσεις των επιχειρηματικών χαρτοφυλακίων των μεγάλων εταιρειών που υπάρχουν σε μια παγκοσμιοποιημένη οικονομία.

ΣΧΕΤΙΚΑ ΜΟΝΤΕΛΑ ΚΑΙ ΕΠΕΚΤΑΣΕΙΣ

Οι πέντε (+1) δυνάμεις του Porter

Το αρχικό μοντέλο του Porter μπορεί να συμπληρωθεί από μια έκτη δύναμη, η επιρροή της οποίας δεν είναι καθόλου ασήμαντη: τις δημόσιες αρχές. Στην περίπτωση αυτή, αναφερόμαστε στο μοντέλο των πέντε (+1) δυνάμεων.

Αν και δεν περιλαμβανόταν στο πρώτο μοντέλο, παρά μόνο με τη μορφή προμηθευτή ή πελάτη, η κυβέρνηση πρέπει ωστόσο να ληφθεί υπόψη για τον ρυθμιστικό της ρόλο. Πράγματι, οι επιχειρήσεις που βρίσκονται αντιμέτωπες σε μια αγορά αναγκάζονται να συμμορφώνονται με το νομικό πλαίσιο που ισχύει για κάθε γεωγραφική περιοχή. Με τον τρόπο αυτό, παράμετροι όπως τα πρότυπα και οι κανονισμοί, οι φόροι ή οι διπλωματικές σχέσεις που διατηρεί ένα κράτος δομούν επίσης την αγορά.

Στο πιο πρόσφατο έργο του, ο Porter απορρίπτει αυτή την επέκταση του μοντέλου. Σύμφωνα με αυτόν, η κυβέρνηση δεν μπορεί να θεωρηθεί δύναμη, αλλά παράγοντας. Ο καλύτερος τρόπος για να κατανοήσουμε τον αντίκτυπο μιας κυβέρνησης στην οικονομία είναι να αναλύσουμε πώς τα μέτρα που λαμβάνουν οι δημόσιες αρχές ενός κράτους μπορούν να επηρεάσουν τις πέντε δυνάμεις.

Όπως κάνει και με τις δημόσιες αρχές, ο Porter τονίζει επίσης τη σημασία των "συμπληρωμάτων". Τα προϊόντα και οι υπηρεσίες αυτές χρησιμοποιούνται συμπληρωματικά προς τα προϊόντα που προσφέρει ο υπό μελέτη κλάδος. Τα συμπληρώματα μπαίνουν στο παιχνίδι όταν το όφελος των δύο προϊόντων σε συνδυασμό είναι μεγαλύτερο από την αξία του κάθε προϊόντος ξεχωριστά. Αυτά μπορεί να διαδραματίσουν σημαντικό ρόλο, ιδίως στον τομέα της νέας τεχνολογίας (π.χ. ειδικό λογισμικό στον κλάδο των τηλεπικοινωνιών), διότι επηρεάζουν τη ζήτηση.

ΠΡΑΚΤΙΚΗ ΕΦΑΡΜΟΓΗ

ΣΥΜΒΟΥΛΕΣ ΚΑΙ ΚΟΡΥΦΑΙΕΣ ΣΥΜΒΟΥΛΕΣ

Για την αποτελεσματική ανάλυση της φύσης ενός κλάδου, είναι χρήσιμο να προχωράμε σταδιακά.

Ορισμός του κλάδου που μελετάται

Για να ορίσουμε έναν κλάδο, πρέπει να εστιάσουμε σε δύο βασικά στοιχεία: τα προϊόντα και τη γεωγραφική περιοχή. Ποια προϊόντα πρέπει να ληφθούν υπόψη σε αυτή την ανάλυση; Ποια προϊόντα πρέπει να αγνοηθούν, καθώς ανήκουν σε άλλο κλάδο; Σε ποια γεωγραφική περιοχή δραστηριοποιούνται οι ανταγωνιστές;

Προσδιορισμός των στοιχείων του μοντέλου

Στη συνέχεια, είναι απαραίτητο να προσδιοριστεί κάθε δύναμη μέσω ερωτήσεων που αφορούν ειδικά την κάθε δύναμη. Η απάντηση σε αυτές θα σας επιτρέψει να εντοπίσετε τις τάσεις, καθώς και τις απειλές που αντιπροσωπεύουν. Είναι σημαντικό να απαντήσετε σε αυτές τις ερωτήσεις σε δύο στάδια, προκειμένου να δείτε την τρέχουσα κατάσταση και να προβλέψετε τη μελλοντική τάση.

Πελάτες ή ομάδες πελατών

* Σε ποιο βαθμό είναι συγκεντρωμένος ο κλάδος των πελατών μου;

* Ποιος είναι ο όγκος των αγορών που πραγματοποιούνται από αυτές τις ομάδες πελατών;

* Μπορούν να στραφούν σε υποκατάστατα προϊόντα;

* Προβαίνουν σε συγκεκριμένες επενδύσεις για να διευκολύνουν τις συναλλαγές με ορισμένους εταίρους;

* Απειλούν πραγματικά να ενσωματώσουν τις δραστηριότητες παραγωγής στα επόμενα στάδια;

* Μπορούν να διαπραγματεύονται οι τιμές μεταξύ πελατών και προμηθευτών για κάθε παραγγελία;

Προμηθευτές

* Είναι ο κλάδος των προμηθευτών πιο συγκεντρωμένος από τον κλάδο που μελετάται;

* Ποιος είναι ο όγκος των αγορών που πραγματοποιούνται από τον υπό μελέτη κλάδο;

* Προβαίνουν οι εταιρείες του κλάδου μου σε ειδικές επενδύσεις για την υποστήριξη των συναλλαγών με αυτούς τους προμηθευτές;

* Απειλούν να ενσωματώσουν τα ανώτερα στάδια της αλυσίδας;

* Αναγκάζονται να αυξήσουν τις τιμές;

* Είναι εύκολο για αυτούς να βρουν νέους πελάτες;

* Είναι ισχυρά τα εμπορικά σήματα των προμηθευτών μου;

Υφιστάμενοι ανταγωνιστές

- Ποια είναι η δομή του διαγωνισμού;

- Ποιος είναι ο βαθμός διαφοροποίησης του προϊόντος;

- Ποιοι είναι οι στρατηγικοί στόχοι των ανταγωνιστών;

- Ποιος είναι ο ρυθμός ανάπτυξης του τομέα;

- Ποια είναι η διάρθρωση του κόστους του κλάδου που μελετάται;

- Πόσο συγκεντρωμένοι είναι οι πωλητές;

- Υπάρχουν σημαντικές διαφορές κόστους μεταξύ των ανταγωνιστών;

- Μπορούν οι εταιρείες να προσαρμόζουν εύκολα τις τιμές τους;

- Υπάρχουν εμπόδια στην έξοδο;

- Είναι η τιμή της ζήτησης ρυθμιζόμενη;

- Υπάρχει πλεονάζουσα παραγωγική ικανότητα των ανταγωνιστών;

Προϊόντα υποκατάστασης

- Είναι διαθέσιμα αυτά τα προϊόντα; Υπάρχει μεγάλος αριθμός τους;

- Ποια είναι η αντιληπτή σχέση τιμής-ποιότητας των προϊόντων αυτών;

- Σε ποιο βαθμό είναι ευέλικτη η τιμή της ζήτησης;

- Υπάρχουν συμπληρώματα;

- Ποια είναι η σχέση ποιότητας-τιμής τους;

- Τι κεφάλαια χρειάζονται για να εισέλθουν στην αγορά;

- Υπάρχουν σημαντικές οικονομίες κλίμακας;

- Ποιο είναι το επίπεδο της εικόνας του εμπορικού τους σήματος;

- Έχουν εύκολη πρόσβαση σε δίκτυα διανομής;

- Έχουν εύκολη πρόσβαση σε πρώτες ύλες;

- Έχουν εύκολη πρόσβαση στη σχετική τεχνολογία;

- Υποστηρίζονται από τις δημόσιες αρχές;

- Ποιος είναι ο στόχος τους;

Είναι απαραίτητο να δοθεί προτεραιότητα στις διάφορες δυνάμεις, έτσι ώστε το μοντέλο που προκύπτει να είναι προσαρμοσμένο στον κλάδο που μελετάται.

Προσδιορισμός των κινητήριων δυνάμεων κάθε δύναμης και προσδιορισμός του βαθμού έντασής τους

Κάθε δύναμη πρέπει να αμφισβητηθεί: έχει αρκετή επιρροή ώστε να επηρεάσει τον κλάδο μειώνοντας ή μειώνοντας τα κέρδη; Η βαρύτητα αυτών των δυνάμεων σας επιτρέπει να προσδιορίσετε την ικανότητα μιας εταιρείας να παράγει κέρδη. Όσο μεγαλύτερη είναι η ένταση αυτών των 5 ή 6 δυνάμεων, τόσο περισσότερο θα περιορίζονται οι δυνατότητες κέρδους, καθώς η αγορά θα θεωρείται στάσιμη. Αντίθετα, εάν οι δυνάμεις είναι αδύναμες, είναι θεωρητικά δυνατό να δημιουργηθούν σημαντικά περιθώρια κέρδους.

Σημειώστε ότι δεν πρέπει να θεωρείτε πάντα ελκυστικούς τους κλάδους – ή τους τομείς – υψηλής ανάπτυξης. Αν και προσφέρουν πολλές ευκαιρίες, υπάρχει ο κίνδυνος ισχυρού ανταγωνισμού στο εγγύς ή στο απώτερο μέλλον.

Καθορισμός και αξιολόγηση της δομής του κλάδου

- Ποιος είναι ο βαθμός κερδοφορίας;

- Ποιος ελέγχει και επηρεάζει τις δυνάμεις;

- Πόσο καιρό θα είναι σχετική αυτή η ανάλυση;

Ανάλυση των πρόσφατων και πιθανών αλλαγών στον κλάδο

Οι αλλαγές σε έναν κλάδο μπορεί να είναι ξαφνικές, οπότε αυτό πρέπει να λαμβάνεται υπόψη και τα κριτήρια ανάλυσης πρέπει να ενημερώνονται συνεχώς. Η ανάλυση μπορεί να φέρει στο φως τους κρίσιμους παράγοντες επιτυχίας, οι οποίοι θα επιτρέψουν στην εταιρεία να αναπτύξει ένα βιώσιμο και καίριο ανταγωνιστικό πλεονέκτημα.

 **ΚΑΛΟ ΕΙΝΑΙ ΝΑ ΓΝΩΡΙΖΕΤΕ**

Κατά τη διάρκεια αυτής της ανάλυσης, μπορεί να προκύψουν πολλά σφάλματα λόγω:

δεν προσδιορίζει με ακρίβεια τον κλάδο,

καταγράφοντας τους παράγοντες αντί να εμπλακούν σε μια πραγματική ανάλυση, χωρίς να λαμβάνεται υπόψη η εξέλιξη του κλάδου,

συγχέοντας τα αποτελέσματα και τις αιτίες,

αγνοώντας τις τάσεις που παρατηρούνται στον τομέα.

Επιπλέον, μια τέτοια ανάλυση θα πρέπει να αναφέρεται στις οικονομικές αρχές που ισχύουν για κάθε δύναμη. Τα εργαλεία ανάλυσης για τον ενδοκλαδικό ανταγωνισμό, τους νεοεισερχόμενους και τα υποκατάστατα προϊόντα περιλαμβάνουν τη θεωρία παιγνίων και τη βιομηχανική οργάνωση. Όσον αφορά τη μελέτη για την επιρροή των πελατών και των προμηθευτών, προέρχεται από τη θεωρία των κάθετων σχέσεων των επιχειρήσεων.

Το μοντέλο αποτελεί πρωτίστως μια βάση για τη λήψη στρατηγικών επιλογών. Πολλές αποφάσεις αυτού του είδους μπορούν επομένως να προκύψουν από μια τέτοια ανάλυση και μεταξύ των πιο συνηθισμένων είναι:

- **Η (επανα)τοποθέτηση της εταιρείας.** Μετά την ανάλυση και προκειμένου να ξεπεράσουν τους ανταγωνιστές τους, οι μάνατζερ μπορούν να επιλέξουν να (επανα)τοποθετήσουν την επιχείρησή τους διαφοροποιώντας την, είτε μέσω του κόστους είτε μέσω άλλου ανταγωνιστικού πλεονεκτήματος που θα τους επιτρέψει να ξεφύγουν από την επιρροή ορισμένων δυνάμεων και επομένως να εγγυηθούν κέρδη μακροπρόθεσμα.

- **Ιδιοκτησία ενός νέου ανεκμετάλλευτου κλάδου.** Επενδύοντας σε μια θέση που παραμένει ανεκμετάλλευτη, μια εταιρεία μπορεί να εξασφαλίσει υψηλότερη απόδοση της επένδυσης.

- **Επιρροή των δυνάμεων υπέρ της.** Αν και ο ελιγμός αυτός είναι μάλλον δύσκολος, μια εταιρεία μπορεί να προσπαθήσει να αλλάξει και να επηρεάσει τις δυνάμεις υπέρ της, κυρίως με την υπογραφή συνεργασιών με άλλους ενδιαφερόμενους φορείς για τη μείωση του επιπέδου του ενδοκλαδικού ανταγωνισμού ή με την εξαγορά νεοεισερχόμενων επιχειρήσεων. Για να μειώσει τη δύναμη των προμηθευτών, μια εταιρεία μπορεί να αποφασίσει να ενσωματώσει ορισμένες από τις δραστηριότητές τους στη δική της αλυσίδα αξίας.

Τέλος, από επιχειρηματική άποψη, η ανάλυση αυτή θα εμπλακεί σε μια πολύ ευρύτερη στρατηγική ανάλυση και θα περιλαμβάνει, για παράδειγμα, τις αναλύσεις SWOT (δυνάμεις, αδυναμίες, ευκαιρίες και απειλές) και PESTLE (πολιτική, οικονομική, κοινωνικοπολιτιστική, τεχνολογική, νομική και περιβαλλοντική), οι οποίες επιτρέπουν τον εντοπισμό των ευκαιριών και των απειλών που είναι πιθανό να εμφανιστούν σε έναν τομέα.

ΜΕΛΕΤΗ ΠΕΡΙΠΤΩΣΗΣ – ΒΙΟΜΗΧΑΝΙΑ ΗΛΕΚΤΡΟΝΙΚΩΝ ΑΝΑΓΝΩΣΤΩΝ

Για να γίνει κατανοητή η θεωρία, ας δούμε την αγορά των ηλεκτρονικών αναγνωστών (ή e-book readers).

 **ΤΟ ΞΕΡΑΤΕ;**

Ο ηλεκτρονικός αναγνώστης είναι μια ηλεκτρονική συσκευή με αποκλειστικό σκοπό να χρησιμεύει ως υποστήριξη για την ανάγνωση ενός ψηφιακού βιβλίου (e-book). Το προϊόν αυτό, το οποίο σχεδιάστηκε τη δεκαετία του 1990 από δύο Ιταλούς επιστήμονες, δεν γνώρισε την αναμενόμενη επιτυχία όταν διατέθηκε στη Γαλλία στα τέλη της δεκαετίας του 1990. Μόλις στα τέλη της δεκαετίας του 2000 άρχισε να διατίθεται μεγαλύτερη ποικιλία ηλεκτρονικών βιβλίων, πρώτα στις Ηνωμένες Πολιτείες και στη συνέχεια στην Ευρώπη. Η Γαλλία, αν και πιο αργά από τις αγγλοσαξονικές χώρες στην υιοθέτηση του νέου προϊόντος, διαθέτει σήμερα έναν συνεχώς αυξανόμενο αριθμό ψηφιακών αναγνωστών.

Ο κλάδος του βιβλίου, ο οποίος έχει αλλάξει δραματικά τα τελευταία χρόνια λόγω της δύσκολης οικονομικής κατάστασης, αντιμετωπίζει σημαντικές προκλήσεις. Μεταξύ αυτών, η σημαντικότερη είναι η αξιοσημείωτη ανάπτυξη του ηλεκτρονικού εμπορίου και το κλείσιμο πολλών βιβλιοπωλείων. Η εμφάνιση της ψηφιακής ανάγνωσης αμφισβητεί από μόνη της τα παραδοσιακά επιχειρηματικά μοντέλα. Το 2012, ο ετήσιος αριθμός πωλήσεων ηλεκτρονικών αναγνωστών στις ΗΠΑ ήταν 25 εκατομμύρια, ενώ εκτιμάται ότι το 2013, το 32% των Αμερικανών θα έχει ηλεκτρονικό αναγνώστη και περισσότεροι από τους μισούς θα έχουν tablet. Η αγορά των ηλεκτρονικών αναγνωστών εκεί θεωρείται πλέον ώριμη.

Ποιες είναι οι υποκείμενες δυνάμεις στον συγκεκριμένο κλάδο; Ποιοι φορείς ασκούν πίεση; Ποιες εταιρείες επιταχύνουν τις τάσεις;

• **Διαπραγματευτική δύναμη των πελατών.** Στην προκειμένη περίπτωση – αυτή των ψηφιακών αναγνωστών –, η ένταση αυτής της δύναμης θεωρείται μέση. Δεδομένου του μικρού αριθμού πωλητών για έναν πολύ μεγάλο αριθμό αναγνωστών, ο αντίκτυπος της μετάβασης των πελατών σε διαφορετικό τύπο συσκευής ανάγνωσης είναι μόνο μέτριος. Πράγματι, ο μέσος όγκος αγοράς ενός ψηφιακού αναγνώστη δεν είναι αρκετά σημαντικός ώστε να αποσταθεροποιήσει έναν φορέα του κλάδου σε περίπτωση αλλαγής. Ωστόσο, το κόστος μεταφοράς, το οποίο αντιστοιχεί εδώ στην προσπάθεια που πρέπει να καταβάλει ο αναγνώστης για να μεταπηδήσει σε έναν ανταγωνιστή, είναι σχετικά υψηλό, δεδομένων των οικοσυστημάτων που υπάρχουν σήμερα- ο αναγνώστης τείνει στην πραγματικότητα να προτιμά το βιβλιοπωλείο που συνδέεται με την ηλεκτρονική συσκευή ανάγνωσης. Έτσι, εάν ο αγοραστής αποχωρίζεται το πρώτο του μοντέλο (π.χ. Kindle, που συνδέεται με το βιβλιοπωλείο Amazon), θα δυσκολευτεί πολύ να μεταφέρει τα βιβλία που ήδη κατέχει στη νέα συσκευή ανάγνωσης εάν επιλέξει άλλη μάρκα.

- **Διαπραγματευτική δύναμη των προμηθευτών.** Η διαπραγματευτική ισχύς των προμηθευτών με ενεργές εταιρείες στην αγορά των ηλεκτρονικών αναγνωστών είναι επίσης σχετικά χαμηλή, καθώς είναι πολύ απίθανο να ενσωματώσουν δραστηριότητες που βρίσκονται πιο κάτω στην αλυσίδα εφοδιασμού τους. Επιπλέον, εάν οι προμηθευτές αύξαναν σημαντικά τις τιμές τους, οι εταιρείες δεν θα είχαν πρόβλημα να βρουν άλλους παρόχους με τα ίδια προσόντα, δεδομένου ότι ο κλάδος αυτός είναι πολύ συγκεντρωμένος.

- **Προϊόντα υποκατάστασης.** Δεδομένου ότι πολλά άλλα προϊόντα μπορούν να αντικαταστήσουν τους ηλεκτρονικούς αναγνώστες, αρχής γενομένης από τα χάρτινα βιβλία και τις ταμπλέτες, είναι δύσκολο να κερδηθεί η πίστη των πελατών μακροπρόθεσμα. Πιο συγκεκριμένα, οι ηλεκτρονικοί αναγνώστες, οι οποίοι δεν έχουν παρουσιάσει τεχνολογική εξέλιξη εδώ και αρκετά χρόνια, διατρέχουν σημαντικό κίνδυνο να ξεπεραστούν από τα smartphones που διαθέτουν όχι μόνο παρόμοια χαρακτηριστικά, αλλά και πρόσθετα. Γενικότερα, η ανάγνωση ανταγωνίζεται όλες τις προσφορές αναψυχής. Η απειλή των υποκατάστατων προϊόντων είναι ιδιαίτερα υψηλή, καθώς κάθε χρόνο παρατηρείται μείωση του αριθμού των αναγνωστών.

- **Νέοι εισερχόμενοι.** Αυτή η αγορά, η οποία είναι μια εξειδικευμένη αγορά, δεν μπορεί να υποστηρίξει πάρα πολλές εισόδους νέων παικτών. Ορισμένοι πρόδρομοι όμιλοι είναι ήδη εδραιωμένοι σε αυτή την ώριμη αγορά και κατέχουν μεγάλα τμήματα της αγοράς παγκοσμίως, έτσι ώστε να είναι σχετικά δύσκολο να τους ανταγωνιστεί κανείς. Πράγματι, για τους νεοεισερχόμενους, η πρόκληση είναι διπλή, καθώς πρέπει να διαθέτουν εξαρχής πολύ μεγάλο ποσό χρηματοοικονομικού κεφαλαίου για την παραγωγή και πρέπει να παράγουν πολύ μεγάλο όγκο μονάδων προκειμένου να επιτύχουν σε αγορές κλίμακας. Αυτό το σενάριο είναι δυνατό μόνο εάν η αξία που δημιουργούν αυτοί οι νεοεισερχόμενοι γίνεται μαζικά αντιληπτή από τους πελάτες, οι οποίοι μπορεί να τη θεωρήσουν ως ουσιαστικό πλεονέκτημα. Η απειλή από τους νεοεισερχόμενους είναι σχετικά χαμηλή.

- **Ενδο-βιομηχανικός ανταγωνισμός.** Ο κλάδος των ηλεκτρονικών αναγνωστών είναι ιδιαίτερα ανταγωνιστικός, όπου ένας μικρός αριθμός παγκόσμιων παικτών μοιράζεται την αγορά. Το Amazon Kindle, με ποσοστό διείσδυσης περίπου 40%, κυριαρχεί αναμφίβολα στην αγορά. Μέχρι πρόσφατα, ακολουθούσαν η PanDigital, το Nook της Barnes and Noble και η Sony, ενώ άλλοι κατείχαν μόνο το υπόλοιπο 20%. Η αντιπαλότητα οξύνθηκε όταν, τον Φεβρουάριο του 2014, η Sony ανακοίνωσε τον τερματισμό της παραγωγής των ηλεκτρονικών αναγνωστών της στις ΗΠΑ, καταβεβλημένη από την ιδιαίτερα υψηλή πίεση που χαρακτηρίζει την αγορά των ηλεκτρονικών αναγνωστών, η οποία ήταν ιδιαίτερα ισχυρή. Η πελατειακή της βάση μεταφέρθηκε τότε στον πρώην ανταγωνιστή της, την Kobo.

Ο κλάδος των ηλεκτρονικών αναγνωστών έφτασε στην ωριμότητα μέσα σε λίγα χρόνια. Τώρα στα χέρια λίγων παραγόντων που διεξάγουν έναν ανελέητο πόλεμο, κατακλύζεται ήδη από έναν ανησυχητικό αριθμό υποκατάστατων. Επομένως, είναι πολύ πιθανό να δούμε σύντομα μια μικρή μείωση της κερδοφορίας αυτής της αγοράς, αλλά και μια σταδιακή μείωση των επενδύσεων σε αυτόν τον τομέα υπέρ άλλων παρόμοιων τεχνολογιών με πιο ελπιδοφόρες προοπτικές. Η Amazon, έχοντας επίγνωση αυτής της μετατόπισης, φαίνεται ότι έχει ήδη λάβει κάποιες στρατηγικές αποφάσεις προς αυτή την κατεύθυνση με το λανσάρισμα του tablet και των smartphones της.

ΠΕΡΙΛΗΨΗ

- Το μοντέλο αυτό, που αναπτύχθηκε από τον Michael E. Porter το 1979 και θεωρείται ένα από τα θεωρητικά θεμέλια της σημερινής στρατηγικής, σας επιτρέπει να αναλύσετε το ανταγωνιστικό περιβάλλον ενός κλάδου.

- Πέντε δυνάμεις – δηλαδή η διαπραγματευτική δύναμη των πελατών και των προμηθευτών, η απειλή των υποκατάστατων προϊόντων, οι νεοεισερχόμενοι και, τέλος, ο ενδοκλαδικός ανταγωνισμός – διατυπώνονται σε αυτό το μοντέλο για να παρέχουν στις επιχειρήσεις τις κατευθυντήριες γραμμές για την εξέταση και την ικανότητα να κατανοήσουν τις αλληλεπιδράσεις στον κλάδο τους.

- Εκτός από το να βοηθά στην οπτικοποίηση του ανταγωνισμού και να απολαμβάνει την κερδοφορία ενός κλάδου, το μοντέλο αυτό υποστηρίζει τη σκέψη των ηγετών επιχειρήσεων που επιθυμούν να βελτιώσουν τις στρατηγικές τους μακροπρόθεσμα.

- Όσο καλό και αν φαίνεται, το μοντέλο του Porter έχει ωστόσο τους περιορισμούς του, συμπεριλαμβανομένης της τάσης υποτίμησης των ευκαιριών, της υπεροχής του κλάδου σε σχέση με την εταιρεία και της παράβλεψης των παραγόντων που επηρεάζουν τη ζήτηση.

- Το μοντέλο μπορεί να συνοδεύεται από μια έκτη δύναμη: την κυβέρνηση. Πράγματι, αυτή μπορεί να επηρεάσει τις οικονομικές σχέσεις μεταξύ των παραγόντων ενός κλάδου, και έτσι να επηρεάσει έμμεσα την κερδοφορία του.

ΠΕΡΑΙΤΕΡΩ ΑΝΑΓΝΩΣΗ

ΒΙΒΛΙΟΓΡΑΦΙΑ

Besanko, D., Dranove, D., Shanley, M. and Schaefer, S. (2013) *Economics of Strategy*. [6η έκδοση]. Hoboken: Wiley.

Magretta, J. (2011) *Comprendre Michael Porter. Concurrence. Stratégie*. Paris: Eyrolles.

Porter, M. E. (1986) *Competition in Global Industries*. Βοστώνη: Harvard Business Press.

Porter, M. E. (2008) *Ανταγωνιστική στρατηγική*. Νέα Υόρκη: Free Press.

Porter, M. E. (2008) Οι πέντε ανταγωνιστικές δυνάμεις που διαμορφώνουν τη στρατηγική. *Harvard Business Review*. [Online]. Πρόσβαση 5 Δεκεμβρίου 2016]. Διαθέσιμο από: http://www.exed.hbs.edu/assets/documents/hbr-shape-strategy.pdf

Porter, M. E. (1991) Towards a Dynamic Theory of Strategy. *Strategic Management Journal*. 12(S2).

IMPROVE YOUR GENERAL KNOWLEDGE

IN THE BLINK OF AN EYE!

Ο εκδότης διασφαλίζει την αξιοπιστία των πληροφοριών που δημοσιεύονται, η οποία όμως δεν μπορεί να αποτελέσει ευθύνη του.

Κύριο ISBN: 9782808600194
ISBN: 9782808601641
Νόμιμη κατάθεση: D/2022/12603/165

Ψηφιακός σχεδιασμός: Primento,
ο ψηφιακός συνεργάτης των εκδοτών.

9 782808 601641